Bibliografische Information der Deutschen Nationalbibliothek:

Die Deutsche Bibliothek verzeichnet diese Publikation in der Deutschen National-
bibliografie; detaillierte bibliografische Daten sind im Internet über http://dnb.d-
nb.de/ abrufbar.

Impressum:

Copyright © 2017 GRIN Verlag, Open Publishing GmbH
Druck und Bindung: Books on Demand GmbH, Norderstedt Germany
ISBN: 9783668497078

Dieses Buch bei GRIN:

http://www.grin.com/de/e-book/369016/analyse-und-effiziente-ueberwachung-
sicherheitskritischer-bitcoin-adressen

Daniel Szameitat, Norman Luring, Sebastian Hollermann

Analyse und effiziente Überwachung sicherheitskritischer Bitcoin-Adressen

GRIN Verlag

GRIN - Your knowledge has value

Der GRIN Verlag publiziert seit 1998 wissenschaftliche Arbeiten von Studenten, Hochschullehrern und anderen Akademikern als eBook und gedrucktes Buch. Die Verlagswebsite www.grin.com ist die ideale Plattform zur Veröffentlichung von Hausarbeiten, Abschlussarbeiten, wissenschaftlichen Aufsätzen, Dissertationen und Fachbüchern.

Besuchen Sie uns im Internet:

http://www.grin.com/

http://www.facebook.com/grincom

http://www.twitter.com/grin_com

Analyse und effiziente Überwachung sicherheitskritischer Bitcoin-Adressen

Studienarbeit

von

Norman Luring,

Daniel Szameitat,

Sebastian Hollermann

KRYPTOWAHRUNG UND BLOCKCHAIN TECHNOLOGIEN

WISE 2016/2017-

Kurzfassung

In der folgenden Arbeit werden sicherheitskritische Aspekte der Kryptowährung Bitcoin analysiert. Dabei werden ausschließlich Angriffe betrachtet, die den direkten Diebstahl von Bitcoins durch das Erlangen des privaten Schlüssels ermöglichen. Ziel ist dabei nicht die Übernahme eines bestimmten Kontos, sondern die Überwachung eines Raumes von Adressen. Der Raum besteht dabei aus liquiden Adressen oder Adressen, die aktiv benutzt werden. Die grundlegende Annahme dabei ist, dass genutzte Konten nicht gleichmäßig über den verfügbaren Schlüsselraum verteilt sind und es somit einen Unterschied zwischen der theoretischen und praktischen Sicherheit von Bitcoins gibt. Deswegen stellt das Paper Bitcoin spezifische Bruteforce Verfahren vor, die nach aktiven Bitcoin-Adressen in vordefinierten Teilen des Schlüsselraumes suchen. Ein weiteres entscheidendes Kriterium ist dabei, wie viele Adressen pro Sekunde durchsucht werden können. Zum einen um eine möglichst große Menge von Adressen definieren und durchsuchen zu können und zum anderen, um möglichst viele Adressen, die regelmäßig genutzt werden, permanent überwachen zu können. Ein Fokus liegt dabei auf performante offline Bruteforce Angriffe mit Hilfe von modernen GPUs und effizienten Datenstrukturen.

Index Terms - Bitcoin, Bitcoin Hacking, Brainwallets, Weak Addresses, Bruteforce

Inhalt

Abbildungsverzeichnis

1 EINLEITUNG

Unzählige Ereignisse, wie die Finanzkrise ab 2007, die durch die US-Immobilienblase ausgelöst wurde [1], haben das allgemeine Vertrauen in Banken und Finanzmärkte stark eingeschränkt. Grundlage jegliches Fiatgeldes ist jedoch das Vertrauen in die ausgebende Institution und der Glaube an den zukünftigen Gebrauchswert der Währung.

Auf der Suche nach Alternativen zu Fiatwährungen sind bis heute unzählige digitale Zahlungssysteme entstanden. [2]

Gegenüber bestehenden Fiatwährungen sind die entstandenen digitalen Währungen dezentral und unabhängig von Landesgrenzen und Institutionen. Die bekannteste digitale Währung, Bitcoin, ist seit 2008 erhältlich und beseitigt viele Problematiken bestehender Finanzmärkte. Bitcoins sind anonym nutzbar und gleichzeitig verfolgbar. Es gibt keine zentrale Instanz, der vertraut werden muss. Zusätzlich gewährleistet Bitcoin, dass die Währung nicht fälschbar ist. Die steigende Relevanz von Bitcoin zeigt sich insbesondere durch den stetig wachsenden Wert jedes einzelnen Bitcoins.

Neben diesen Vorteilen ist die Sicherheit des Systems ein entscheidender Faktor für den langfristigen Erfolg. Das folgende Papier untersucht die besonders sicherheitskritischen Funktionen von Bitcoin. Dabei wird auf die Problematik der Wahl eines sicheren Kontos (der Adresse), auf der die persönlichen Bitcoins lagern, eingegangen. Gelingt es einem Angreifer auch nur für kurze Zeit, Zugriff auf eine fremde Bitcoin-Adresse zu erlangen, so kann dieser anonym sämtliche Bitcoins entwenden. Da sich die Bitcoin-Adresse durch den öffentlichen Schlüssel einer asymmetrischen Verschlüsselung ergibt, ist der zugehörige passende private Schlüssel ausschlaggebend für die Sicherheit des Kontos. Dieser ist immer 256-Bit lang und verifiziert die Benutzung der Bitcoins innerhalb einer Transaktion. Grundsätzlich gilt der private Schlüssel als kryptografisch sicher. Allerdings bedarf es, aufgrund der Länge der privaten Schlüssel, in der Praxis einer Schlüsselverwaltung (sogenannte Wallets). Dabei gibt es verschiedene Arten von Wallets. Eine in der Vergangenheit häufig verwendete Art von Wallet ist dabei die BrainWallet. Hierfür muss sich der Besitzer nur ein kurzes Passwort, anstelle des kompletten Schlüssels, merken. Das Paper „The Bitcoin Brain Drain: A Short Paper on the Use and Abuse of Bitcoin Brain Wallets „bestätigt bereits die Verwendung von BrainWallets als Sicherheitslücke. [3] Das folgende Papier geht deshalb auf einen weiteren Nachteil von Wallets, der unnatürlichen Schlüsselgenerierung, ein. Werden Schlüssel zum Beispiel mit schlechtem Zufall generiert, können in bestimmten Bereichen der Schlüsselmenge aktive Konten gefunden werden. Im Folgenden wird untersucht, wie hoch die Chance ist, mit systematischen offline Bruteforce-Methoden den privaten Schlüssel einer Bitcoin-Adresse zu identifizieren. Dabei ist nicht das Ziel, eine vordefinierte Adresse zu hacken, sondern aktive Adressen in vordefinierten Schlüsselmengen zu identifizieren und zu überwachen. Diese Adressen werden im Folgenden als schwache Adressen bezeichnet.

2 DARSTELLUNG VON BITCOIN ADRESSEN

BEISPIEL FORMATE FÜR EXPONENT 1

Exp.	1
WIF	KwDiBf89QgGbjEhKnhXJuH7LrciVrZi3qYjgd9M7rFU73sVHnoWn
X	55066263022277343669578718895168534326250603453777594175500187360389116729240
X_{hex}	79be667ef9dcbbac55a06295ce870b07029bfcdb2dce28d959f2815b16f81798
Y	32670510020758816978083085130507043184471273380659243275938904335757337482424
Y_{hex}	483ada7726a3c4655da4fbfc0e1108a8fd17b448a68554199c47d08ffb10d4b8
$Hash_{160}$ unkomp.	751e76e8199196d454941c45d1b3a323f1433bd6 91b24bf9f5288532960ac687abb035127b1d28a5
Bitcoin unkomp.	1BgGZ9tcN4rm9KBzDn7KprQz87SZ26SAMH 1EHNa6Q4Jz2uvNExL497mE43ikXhwF6kZm
SEC	0279be667ef9dcbbac55a06295ce870b07029bfcdb2dce28d959f2815b16f81798

Abbildung 1: DARSTELLUNG VON BITCOIN ADRESSEN[1]

Um sicher zu stellen, dass nur der Besitzer eines Bitcoins diesen verwenden kann, ist die Bitcoin-Adresse durch den Elliptic Curve Digital Signature Algorithm (ECDSA) geschützt [8]. Im Folgenden werden die unterschiedlichen Re-Präsentationen einer Adresse und deren Schlüssel aufgezeigt und erläutert. Die einfachste Basis eines privaten Schlüssels und der daraus resultierenden Adresse, ist ein Integer-Wert zwischen 1 und ~= 1.15 * 1077. Die Generierung des öffentlichen Schlüssels aus dem Integer-Wert geschieht über Potenzierung. Deshalb wird der Integer-Wert auch Exponent genannt. Dieses Verfahren verhindert die Ableitung des privaten Schlüssels und bietet somit die Grundlage der Sicherheitsanforderungen. In Abbildung 1 sind die unterschiedlichen Formate für den Exponenten 1 gezeigt. Das Wallet Import Format(WIF) ist ein verschlüsseltes Format des privaten ECDSA Schlüssels, um diesen standardisiert in Wallets importieren zu

---

[1] selbst erstellte Abbildung auf Grundlage von [9]

können. [4] Dabei wird zunächst eine 32-Bit Checksumme zur Binardarstellung des Exponenten hinzugefügt und in einem weiteren Schritt zur Basis 58 kodiert. Der finale WIF-Schlüssel besteht aus Klein- und Großbuchstaben, sowie Zahlen. Dieses Format bietet keine weiteren Zusatzinformationen und dient ausschließlich der Interaktion mit Wallets.

Die X und Y-Werte aus Abbildung 1 korrespondieren mit dem öffentlichen ECDSA Schlüssel und werden zur Validierung von digitalen Signaturen benutzt. Clients benutzen den öffentlichen Schlüssel, um sicherzustellen, dass Transaktionen von Personen ausgelost werden, die den geheimen Exponenten kennen.

Als nächstes ist in Abbildung 1 das Format Hash160 zu erkennen. Das ist die Hashfunktion RIPEMD-160[5] angewandt auf den bereits von SHA-256 gehashten Wert des Bytestreams des SEC-Schlüssels.

Die Bitcoin-Adresse lasst sich dann mit Base58Check aus dem Hash160 generieren. Der Base58Check ist ein Verfahren zur Kodierung von Adressen mit einem Zeichensatz von 58 Zeichen. Das umfasst Groß- und Kleinbuchstaben, sowie Zahlen von 1-9. Ausgeschlossen werden, im Vergleich zur Standard 64-Zeichen Kodierung, die Zeichen 0OIl/+, da diese zu Verwechslungen führen können.

Zuletzt ist noch die Standards for Efficient Cryptography (SEC) Repräsentation zu erläutern. SEC ist eine alternative Darstellung des öffentlichen Schlüssels. Dieses Format wird bei Bitcoin Signaturen intern genutzt, um öffentliche Schlüssel zu generieren. Je nach Präfix beinhaltet der SEC die X- und Y-Koordinate. Der unkomprimierte Schlüssel beginnt mit dem Prafix 04, gefolgt von den Koordinaten. Schlüssel mit Präfix 02 oder 03 sind komprimiert und beinhalten nur die X-Koordinate. Dies ist möglich, da die Y-Koordinate sich über die Formel $(y2 = x3 + 7) \bmod p$ berechnen lasst. Kritisch ist hierbei die Wurzeloperation auf sehr große Zahlen. Der komprimierte Schlüssel ist die 33 Bit lange X-Koordinate und somit problematisch für die präzise Verarbeitung von Computern. Der Trick zur einfachen Wurzeloperation gelingt über den quadratischen Rest. Hierbei gilt, wenn eine Primzahl p existiert, sodass p+ 1 durch 4 teilbar ist, dann ist für jedes a der Quadratische Rest die Zahl a (p+1)/4modp eine Quadratwurzel von a. [6] Im Falle von Bitcoin, also die ECDSA-Kurve Secp256k1, ist p prim und so gewählt, dass (p + 1) durch 4 teilbar ist. Das Ziehen der Quadratwurzeloperation geschieht durch eine schnelle Potenzierung mit Exponenten 1/4.

Zuletzt ist noch anzumerken, dass der komprimierte und unkomprimierte öffentliche Schlüssel jedoch zu unterschiedlichen Adressen führt, die aus demselben privaten Schlüssel generiert wurden.

Es ist also zu erkennen, dass bis zur endgültigen Bitcoin Adresse, verschiedene Hashing Funktionen angewandt werden. Die Kombination von SHA-256, RIPEMD-160 und einer Kodierung zur Basis 58 nimmt die Kollisionswahrscheinlichkeit von Adressen und macht den öffentlichen Schlüssel nicht einsehbar. Erst, wenn von einer Adresse eine ausgehende Transaktion durchgeführt wird, ist der öffentliche Schlüssel für alle einsehbar. Deshalb ist der beste Weg, für jede Transaktion neue Adressen zu verwenden. Da es 2 160 mögliche Bitcoin-Adressen geben kann, ist dieser Pool ausreichend groß.

3 SCHWACHE ADRESSEN UND ZUFALLSZAHLEN

Für die Durchführung der Angriffe auf schwache Adressen ist eine Grundstruktur eingerichtet worden. Hierfür wurde die Blockchain von Bitcoin heruntergeladen und auf öffentliche Schlüssel durchsucht. Im nächsten Schritt wurden die Schlüssel in ein einheitliches Format gebracht, um im weiteren Verlauf vergleichbar zu sein.

Die 256-Bit Schlüssellänge des privaten Schlüssels machen einen Bruteforce-Angriff auf vordefinierte Adressen, mit den aktuellen technologischen Mitteln, unmöglich. Allerdings kann ein Pool aus privaten Schlüsseln vordefiniert und die daraus resultierenden Adressen überwacht werden. Finden dann Transaktionen auf diesen Adressen statt, so können die erhaltenen Bitcoins entwendet werden. Bei diesem Szenario ist es wichtig, Adressen zu untersuchen, die eine höhere Wahrscheinlichkeit besitzen, genutzt zu werden. Hierfür sprechen Adressen, die in vergangenen Jahren vermehrt und regelmäßig genutzt wurden.

Im Folgenden haben wir den Raum der überwachten Adressen in Gruppen eingeteilt.

3.1 Gruppe Symmetrische und kurze Schlüssel

Die erste Gruppe repräsentiert kurze und symmetrische private Schlüssel. Diese bieten dem Bitcoin-Endbenutzer den Vorteil, dass er sich den Zugang leicht merken kann. Unter Symmetrie einer Adresse wird im Folgenden verstanden, dass ein Schlüssel ein bestimmtes Muster aufweist. So wird zum Beispiel aus dem Geburtsdatum *26.11.1989* der gültige private Schlüssel *26111989*. Ein anderes Beispiel ist das Passwort *1234*, welches in UTF-8 die Form *31323334* als privaten Schlüssel darstellt. Auf der zugehörigen Adresse (15m5H...) sind bis jetzt 12 Transaktionen durchgeführt worden.

Die Kürze allein ist jedoch nicht für die Anfälligkeit einer Adresse verantwortlich. Der private Schlüssel 1^n mit $n = 64$, wobei n für die Anzahl des Zeichens steht, führt zu einer Adresse mit 10 Transaktionen.

3.2 Fehlverhalten Zufallsgeneratoren

Allerdings kann auch die scheinbar sichere Verwendung von Zufallszahlengeneratoren zu kurzen Adressen führen. Sichere Zufallszahlengeneratoren, wie zum Beispiel der unter vielen Unix-Betriebssystemen benutzte */dev/random*, blockieren die Ausgabe von Zufallszahlen, wenn diese eine zu niedrige Entropie aufweisen. Im Hintergrund generiert der Zufallszahlengenerator verschiedene Zahlen aus Systemereignissen, wie zum Beispiel der Mausbewegung des Benutzers. Gibt es nicht ausreichend viele dieser Zahlen, so wird keine weitere Zufallszahl generiert. Wenn dieser Fall bei der Generierung von privaten Schlüsseln nicht beachtet wird, so kann eine kleine Zahl als privater Schlüssel entstehen.

3.3 Hash kurzer Passwörter

Neben kurzen Schlüsseln, können auch Schlüssel in voller Länge schwach sein. Dies ist der Fall, wenn ein Passwort als Grundlage der Hashfunktion zur Generierung des privaten Schlüssels benutzt wird.

BEISPIEL PASSWORT TEST

Passwort	Privater Schlüssel
test	9f86d081884c7d659a2feaa0c55ad015a3bf4f1b2b0b822cd15d6c15b0f00a08

Abbildung 2: Passwort Test[2]

In Abbildung 2 ist der SHA-256 Bit Hash des Wortes *test* als privater Schlüssel zu erkennen. Hierbei ist zu erwähnen, dass jede Hashfunktion, die einen Hash der Länge 256-Bit oder weniger generiert, akzeptiert wird.

---

[2] selbst erstellte Abbildung

3.4 Google als Hilfe für Schlüsselgenerierung

Eine weitere Quelle für die Schlüsselgenerierung kann die Suche bei Google sein. So ist der private Schlüssel, der im Bitcoin-Wiki als Beispiel zu erkennen ist, der Schlüssel zu einer Adresse mit 208 Transaktionen.

4 ANGRIFFE AUF SCHWACHEN ADRESSEN

Als Grundlage für den Bruteforce-Angriff dienen die aus der Blockchain gewonnenen öffentlichen Schlüssel in unkomprimierter Form. In dieser Form werden alle möglichen Transaktionen erfasst. Analysiert man nur die komprimierte Form, so werden Transaktionen der unkomprimierten Adresse vernachlässigt.

In einem ersten Schritt werden sämtliche öffentliche Adressen in den Arbeitsspeicher geladen. In mehreren Threads werden neue öffentliche Schlüssel errechnet und mit den bekannten verglichen.

Die Angriffe auf schwache, private Schlüssel werden in einem C#-Programm auf der CPU realisiert. Die zur Verfügung gestellte Hardware umfasst:

- CPU: Intel Core i7 (6. Generation) - 4 x 2.60 GHz
- RAM: 32 GB DDR4

Bei der Implementierung ist besonders auf die Wahl der Datenstruktur geachtet worden. So bietet es sich an, alle öffentlichen Schlüssel, welche aus der Blockchain extrahiert wurden, in einer HashTable abzuspeichern. Dadurch ist die Prüfung, ob ein öffentlicher Schlüssel existiert, in minimaler Zeit möglich (O(1)). Beachtet werden muss, dass bereits zum jetzigen Zeitpunkt die Liste aller öffentlichen Schlüssel aus der Blockchain etwa 15 GB Arbeitsspeicher benötigt.

Bei einem ersten Test wurde die Range von 0 bis 825307441 als Zahlenwerte durchsucht. Dabei wurden 31 Adressen gefunden, für die 127 Transaktionen durchgeführt wurden.

In einem zweiten Test wurde eine Passwortliste durchsucht und analysiert. In einem dritten und letzten Test wurden symmetrische Schlüssel überprüft.

Die drei Testfälle bilden den überwachten Adressraum, der Basis für die nachfolgenden Statistiken und Erkenntnisse ist.

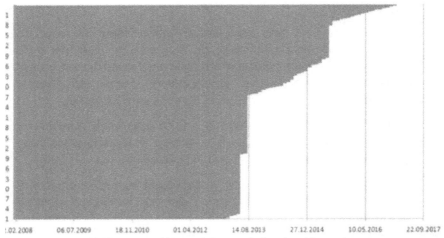

Abbildung 3: Anzahl Transaktionen auf schwachen Adressen[3]

Abbildung 3 zeigt die Anzahl an eingehenden Transaktionen auf schwachen Adressen über den Zeitraum von 2008 bis Anfang 2017. Dabei wird jedoch nur auf die aktuellste eingehende Transaktion geschaut. Besonders auffällig ist der Zeitraum 2013, da hier ein Anstieg an Transaktionen auf schwache Adressen zu erkennen ist. Ebenso ist zu erkennen, dass bis heute Transaktionen auf schwache Adressen durchgeführt werden und bestätigt damit die Annahme, dass schwache Adressen ein aktuelles Thema darstellen.

---

[3] selbst erstellte Abbildung

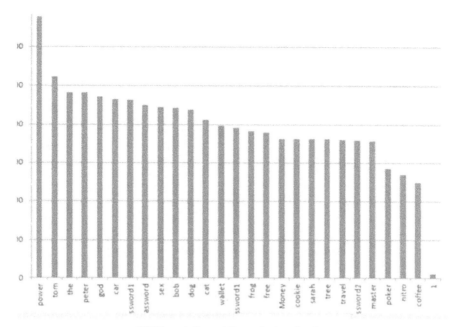

Abbildung 4: Transaktionen Brainwallets[4]

In Grafik 4 sind Transaktionen auf Brainwallets, die im zweiten Test erkannt wurden, zu sehen. Dabei wurden die meisten Transaktionen auf der Brainwallet mit dem schwachen Passwort *power* durchgeführt. 67782 ein- so wie ausgehende Transaktionen sind mit diesem privaten Schlüssel durchgeführt worden. Insgesamt sind fast 30 Adressen, durch eine einfache Passwortliste mit lateinischen Zeichen, gefunden worden. Dies zeigt die Relevanz und Nutzbarkeit von BrainWallets. Jedoch sind die meisten Transaktionen auf diesen Adressen mit vernachlässigbar kleinen Beträgen durchgeführt worden.

---

[4] selbst erstellte Abbildung

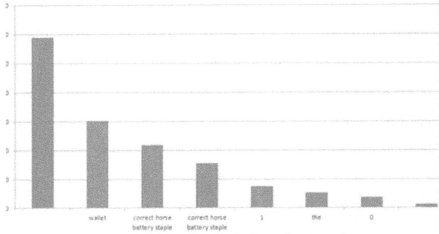

Abbildung 5: Eingehende Bitcoins des überwachten Raumes[5]

In Abbildung 5 sind die acht Adressen mit den meisten eingehenden Bitcoins zu erkennen. Die X-Achse beschreibt dabei das gewählte Passwort des privaten Schlüssels im Klartext. Auf der Adresse des Schlüssels mit leerem Wort sind die meisten Bitcoins eingegangen. Auf dieser Adresse sind in den letzten 4 Monaten Bitcoins im Wert von 170$ transferiert worden. Insgesamt wurden 59 Bitcoin auf diese Adresse überwiesen.

Auf allen Adressen des überwachten Raumes sind 157,27 Bitcoins eingegangen. Die meisten Bitcoins sind bereits von den Adressen entwendet worden, jedoch weisen einige Adressen immer wieder Geldeingänge auf.

---

[5] selbst erstellte Abbildung

5 OPTIMIERUNGEN DURCH GPU

Um den Durchsatz der zu erzeugenden Adressen und deren Überprüfung zu steigern, bietet sich die Verwendung von Grafikkarten an. Hierfür wurde eine Implementierung in CUDA umgesetzt. Hierbei ist eine starke Leistungssteigerung durch die Verwendung von Grafikkarten und Grafikcluster erwartet worden. Im Detail wird dabei die Berechnung von Adressen und deren Suche auf der Grafikkarte realisiert. Die Durchführung erfolgt dabei in Teilschritten.

Als erstes wurde die Vergleichssuche mit den vorhandenen Adressen aus der Blockchain implementiert. Als Grundlage wurde der Algorithmus für eine binäre Suche verwendet. Dieser Algorithmus wurde entsprechend der Anzahl der parallel laufenden Kerne der GPU auf der Grafikkarte angepasst. Somit wird in einem Suchschritt die Menge in 33 Teilmengen, anstelle von nur zwei Teilmengen, aufgeteilt. Aufgrund der Tatsache, dass die verwendeten Grafikkarten nicht über ausreichend Speicherplatz für die Suchmenge verfügen, wurde der Suchbereich in weitere Teilmengen aufgeteilt und auf verschiedenen Grafikkarten ausgelagert. In Zukunft kann man davon ausgehen, dass alle Adressen in den Grafikspeicher passen werden, in dem Fall kann der Adressvergleich durch eine Hashtable optimiert werden. Dadurch kann der Aufwand für den Vergleich vernachlässigt werden.

Im zweiten Schritt wurde die Berechnung der Adressen auf der Grafikkarte realisiert. Dazu wurde als Grundlage das Open Source Programm vanitygen [7] verwendet. Bei vanitygen handelt es sich um ein Projekt, welches hauptsächlich Bitcoin-Adressen findet, welche mit bestimmte Zeichenfolgen anfangen. Dazu generiert vanitygen Adressen auf der CPU und der GPU und prüft die berechneten Adressen mit der gewünschten Zeichenfolge. Somit lassen sich Adressen mit Präfix eines gewünschten Wortes erstellen. Zusätzlich kann das Programm aber auch als Miner fungieren.

Ein offline Bruteforce Angriff braucht allerdings nicht die Adressen, sondern nur den öffentlichen Schlüssel. Da somit die Überprüfung der Adressen nur auf Grundlage der 256 Bit langen X- und Y-Koordinaten erfolgt, wurden die Aufwendigen SHA-256 und RIPMED-160 Berechnungen entfernt. Dieses führt, im Vergleich zu vanitygen, zu einer signifikanten Leistungssteigerung um den Faktor drei bei der Adressberechnung.

Des Weiteren konnte die Erzeugung und Überprüfung der Adressen gesteigert werden. Dabei konnten bis zu 42 Millionen Überprüfungen pro Sekunde erreicht werden. Etwa 2/3 der benötigten Rechenzeit entfällt auf die Überprüfung.

Die binär-basierte Suche als Basis für die Überprüfung von Adressen auf einer, beziehungsweise mehreren Grafikkarten, scheint allerdings ineffizient zu sein. Eine Optimierung lässt sich hierbei durch Verwendung einer HashTable erreichen. Dazu sollte eine Hashfunktion gewählt werden, die abhängig vom verfügbaren Speicherplatz, eine möglichst hohe Absicherung an Bits garantiert. Mit entsprechender Optimierung lassen sich 32 Bits mit einer CRC-32 Funktion absichern. Der Speicherverbrauch beträgt dabei gerade einmal 512 MB und beschleunigt die Berechnung signifikant. Der Berechnungsaufwand von O(log n) vereinfacht sich dabei auf O(1). Zusätzlich kann auf der Grafikkarte parallel gesucht werden, was ebenfalls zur Optimierung beiträgt. Der Nachteil bei dieser Methode ist, dass viele Adressen ermittelt werden, die nicht übereinstimmen. Daher müssen diese Adresse zusätzlich in einer weiteren Stufe mit einem konventionellen Suchverfahren überprüft werden. Dieses kann z.B. im Hintergrund auf der CPU erfolgen. Trotz des höheren Aufwands lohnt sich das beschriebene Verfahren, da ein Großteil der berechneten Adressen im ersten Schritt effizient aussortiert werden. Experimente haben gezeigt, dass eine Zeitersparnis von etwa 40% durch Optimierung durch GPUs erreicht werden kann.

6 AUSBLICK

In diesem Paper wurde gezeigt, wie gezielt Zugang zu aktiven Bitcoin-Adressen erlangt werden kann. In der Theorie gilt der private Schlüssel aufgrund der Schlüssellänge als unknackbar. Zum Widerlegen dieser grundlegenden Annahme wurden Adressmuster analysiert und gezielt schwache Adressen definiert. Dabei haben sich die fünf Muster, welche in Abschnitt 4 beschrieben wurden, als besonders geeignet erwiesen. Bei den praktischen Versuchen gelang es auf diese Art und Weise, innerhalb von kürzester Zeit, Zugriff auf mehrere Bitcoin-Adressen zu erlangen. Durch die Analyse der schwachen Adressen von ihrer Generierung bis heute, zeigt sich ein weiteres Angriffsszenario. Für einen Angreifer kann es sich auszahlen, nicht nach Adressen mit hohem Guthaben zu suchen, sondern nach Adressen, die kontinuierlich verwendet werden. Es hat sich gezeigt, dass viele Bitcoins nicht fest auf einer Adresse verharren, sondern rotieren und oft nach wenigen Tagen weiter transferiert werden. Es ist somit sinnvoll, die aktiven und schwachen Adressen nach ihrer Wahrscheinlichkeit für Transaktionen zu ordnen. Die resultierende Liste der wahrscheinlichsten Adressen kann dann permanent überwacht werden.

In der Praxis hat sich gezeigt, dass ähnliche Angriffe schon durchgeführt werden. So konnte beobachtet werden, wie Angreifer versucht haben, durch höhere Transaktionsgebühren, Bitcoins umzuleiten und zu stehlen. In einer weiterführenden Arbeit könnte das Ausmaß der aktuellen Kriminalitätslage im Bitcoin Netzwerk durch schwache Honeypot-Bitcoin-Adressen untersucht werden.

Weiter hat sich aber auch gezeigt, dass der technische Fortschritt die Möglichkeiten der Kriminellen in Zukunft steigern wird. Zurzeit ist es mit modernen Grafikkarten möglich etwa 42 Millionen Adressen pro Sekunde zu berechnen. Da allerdings der Grafikartenspeicher einer Karte nicht alle Adressen der Blockchain fassen kann, wird noch die CPU für Bruteforce Angriffe benötigt. Die GPU ist in der Lage einige tausend Adressen pro Sekunde zu berechnen und zu prüfen. Entscheidend für die Performance ist, dass es effizient möglich ist, nicht die Bitcoin-Adresse selbst, sondern den unkomprimierten öffentlichen Schlüssel zu vergleichen. Sollte in Zukunft der GPU ein Speicher von ca. 16-18GB zur Verfügung stehen, können effektiv mehr als 42 Millionen Adressen pro Sekunde und pro Grafikkarte überprüft werden. Dies beeinflusst die theoretische Sicherheit von Bitcoin nicht, aber es wird möglich sein, große Mengen an schwachen Schlüsseln zu überwachen. Besonders interessant wird der Angriff durch die Benutzung von modernen Cloudtechnologien, die leistungsstarke GPU-Cluster vermieten.

Die Untersuchungen haben gezeigt, wie wichtig die Verwendung von echten Zufallszahlen für die Generierung der Adressen ist. Da allerdings viele Zufallszahlengeneratoren fehlerbehaftet sind, kann keine endgültige Sicherheit gewährleistet werden. Es entsteht der Eindruck, dass deswegen in der Praxis versucht wird, die Sicherheit über die Rotation von Bitcoins zu erhöhen. Dies würde durch eine zukünftige und leistungsstarke Überwachung jedoch nicht mehr funktionieren. Um die Sicherheit von Bitcoin-Adressen gewährleisten zu können, wird empfohlen ein Service zu konstruieren, der die Benutzung von schwachen Adressen explizit sperrt. Neben den hier beschriebenen Möglichkeiten können auch Informationen über Honeypot-Bitcoin-Adressen bezogen und genutzt werden. Abschließend sei noch zu erwähnen, dass die Sicherheit für Endbenutzer erhöht wird, wenn für jede Transaktion eine neue Bitcoin-Adresse generiert wird. Das erschwert die Überwachung einer Adresse, da der öffentliche Schlüssel so stets verschleiert bleibt.

7 LITERATUR

[1] MICHAEL BLOSS, Joachimg Hacker Nadine E. Dietmar Ernst E. Dietmar Ernst: Von der Subprime-Krise zur Finanzkrise. Oldenbourg Verlag Munchen, 2009

[2] COINMARKETCAP: Crypto-Currency Market Capitalizations. https:// coinmarketcap.com/,

[3] MARIE VASEK, Ryan Castellucci Cameron Keith Tyler M. Joseph Bonneau B. Joseph Bonneau: The Bitcoin Brain Drain: A Short Paper on the Use and Abuse of Bitcoin Brain Wallets / University of Tulsa, Stanford University, Southern Methodist University. 2015. – Forschungsbericht

[4] WIKI, Bitcoin: Wallet import format. https://en.bitcoin.it/wiki/Wallet import format,

[5] PROMOTION AGENCY, Information technology: CRYPTREC Report 2002 / Telecommunications Advancement Organization of Japan. 2003. – Forschungsbericht

[6] DIETZFELBINGER, Prof. Dr. M.: Randomisierte Algorithmen fur Proble- ¨ me aus der Zahlentheorie. https://www.tu-ilmenau.de/fileadmin/public/iti/ Lehre/RA/WS12 13/zahlentheoretische algorithmen.pdf, . – Proposition 5.24

[7] SAMR7: Venitygen Gitlab. https://github.com/samr7/vanitygen,

[8]Technical background of version 1 Bitcoin addresses https://en.bitcoin.it/wiki/Technical background of version 1 Bitcoin addresses# How to create Bitcoin Address

[9] Bitcoin Adressberechnung mit Phyton http://blog.richardkiss.com/?p=371